TÚ TIENES
LA RESPUESTA

Tú tienes la respuesta: Un estudio de apologética cristiana
Steven A. Hein
© 2024 New Reformation Publications

Publicado en © 2024 por
1517 Publishing
PO Box 54032
Irvine, CA 92619-4032

ISBN (Paperback) 978-1-962654-99-9
ISBN (EBook) 978-1-964419-00-8

Traducido del libro *You Can Give An Answer: A Study in Christian Apologetics*
© 2018 Steven A. Hein
Publicado por 1517 Publishing

Las citas bíblicas están tomadas de la Nueva Biblia de las Américas™ NBLA™, © 2005 por The Lockman Foundation.

TÚ TIENES LA RESPUESTA

UN ESTUDIO DE APOLOGÉTICA CRISTIANA

◄ STEVEN HEIN ►

Unidad uno

Introducción a la Apologética

«¿Qué es la fe?», preguntó la maestra de la escuela dominical. Miguel levantó rápidamente su pequeña mano y, cuando la maestra le dio la palabra, respondió: «Creer en algo que uno sabe que no es verdad».

Hoy en día, muchos no cristianos estarían de acuerdo con la definición de Miguel. A menudo se niegan a escuchar la fe cristiana con honestidad porque están erróneamente convencidos de que hacerse cristiano equivale a cometer suicidio intelectual. Para ellos, el cristianismo es semejante a las antiguas supersticiones y fantasías, mientras que ellos viven en la esfera del «mundo real», que se ocupa de la razón, la evidencia y los hechos fríos y concretos.

Trágicamente, muchos cristianos también sienten que la esfera de la evidencia y la verdad demostrable está separada de los principios centrales de la fe cristiana por un gran abismo. Tal postura suele hacer que, cuando los no cristianos plantean reservas intelectuales y piden razones para la fe, a los cristianos se les haga difícil presentar el evangelio de forma contundente y convincente. Muchas situaciones de testimonio se han visto empañadas por la incapacidad o la falta de voluntad de los cristianos para proporcionar al no cristiano pruebas convincentes de la veracidad del mensaje de salvación que proclamamos.

En el Nuevo Testamento, el evangelio de Jesucristo siempre se equipara con la verdad. La verdad es siempre lo contrario del error. San Pablo identifica a los no cristianos como aquellos que «no creyeron en la verdad» (2Ts 2:11-12). Los cristianos deben darse cuenta de que, si no hubiera forma de establecer objetivamente cuál es la verdad, tales afirmaciones de san Pablo carecerían de sentido. A medida que llevamos a cabo la gran comisión en nuestra época, siempre debemos utilizar el dedo acusador de la ley para demostrar la necesidad que el hombre tiene del evangelio. Sin embargo, una vez hecho esto, debemos también demostrar que la buena noticia de la salvación a través de Cristo es la única respuesta, no solo porque funciona, sino *porque es verdad*. ¿Cómo se logra esto?

A. ¿Qué es la apologética?

La convicción de este estudio es que la *apologética cristiana* puede ser de gran valor para los cristianos cuando dan testimonio a otros del evangelio salvador de Jesucristo. Mientras que la evangelización implica proclamar y explicar el mensaje del evangelio para que la gente pueda salvarse, la apologética se ocupa de defender la veracidad del evangelio cuando se plantean objeciones o desafíos a la fe. Hablando en términos negativos, la apologética busca identificar y eliminar los obstáculos intelectuales que, en la mente del no cristiano, impiden una consideración honesta de la fe cristiana. En términos positivos, la apologética busca confrontar al no cristiano con razones y pruebas convincentes que fundamenten o apoyen la veracidad del cristianismo. La apologética sirve también para calmar las dudas honestas y serias, o los conflictos intelectuales entre los creyentes (por ejemplo, el debate sobre la Biblia y la ciencia, o creación vs. evolución).

Veamos qué dicen las Escrituras sobre la apologética:

Lee 1 Pedro 3:14-15

1. ¿Qué te pide Pedro a ti, lector, en el versículo 15?
2. La palabra *defensa* (NBLA) es una traducción de la palabra griega *apología*, de la que obtenemos el término *apologética*. Según Pedro, ¿con qué actitud deben los cristianos emprender la tarea apologética?
3. Comenta algunas maneras en que los cristianos pueden seguir la instrucción de estos dos versículos sin involucrarse en discusiones dañinas.

Debemos subrayar que la apologética no incluye el objetivo de hacer que alguien entre en el reino de Dios por medio de argumentos. Tal cosa es realmente imposible. La fe salvadora siempre es el don del Espíritu Santo, que actúa a través de nuestro testimonio del evangelio. Además, la apologética no asume la tarea de proporcionar al no creyente una *certeza objetiva absoluta* de la veracidad de la fe cristiana. La certeza y la confianza del corazón es un don del Espíritu Santo que se deriva de una relación de fe salvadora con Cristo.

Más bien, la apologética busca arrancar los obstáculos intelectuales y las cortinas de humo tras las cuales muchos no cristianos se esconden a menudo, a fin de que, convincentemente y con amor, puedan ser confrontados con la realidad de su condición pecaminosa y luego con el glorioso plan de salvación de Dios a través de Cristo. La apologética busca demostrar y convencer al no creyente de que hay más pruebas a favor que en contra de la verdad cristiana. Esto significa, por ejemplo, que respecto de la vida de Jesús, las pruebas de que era un simple ser humano son menos que las pruebas que apoyan la confesión de Pedro de que Jesús «es el Cristo, el Hijo del Dios viviente» (Mt 16:16).

B. ¿Cuál es la relación entre la evidencia y la fe?

Hoy en día, en algunos círculos, la fe se define como «creer sin pruebas». Sin embargo, esta no es la comprensión de la fe en el Nuevo Testamento. Semejante fe sería como saltar ciegamente a la oscuridad, y puesto que no hay diferencia entre una zona y otra de la oscuridad, semejante fe carecería de importancia y sentido. Además, una comprensión de la fe según el Nuevo Testamento no es una búsqueda humana ciega de la verdad, sino una consecuencia directa de lo que se ha descubierto sobre la identidad de Jesucristo y el propósito de su vida, muerte y resurrección.

El escritor de la epístola a los Hebreos describió la fe como «la certeza de lo que se espera, la convicción de lo que no se ve» (Heb 11:1). Como cristianos, ciertamente nuestra esperanza se centra en Cristo, con la convicción, producida por el Espíritu, de que en él tenemos total perdón y reconciliación con Dios y, por tanto, seremos partícipes de la plenitud de la salvación. Veamos algunos pasajes de las Escrituras y descubramos en qué se basa esa seguridad y convicción de fe. También examinaremos el papel que desempeña la evidencia en relación con la fe.

Lee 1 Corintios 15:3-8, 13-20

1. ¿Qué tipo de relación establece Pablo entre el hecho de la resurrección de Cristo y nuestra confianza en el perdón de los pecados, la vida eterna y nuestra propia resurrección?

2. ¿Qué tipo de pruebas ofrece Pablo al lector sobre la realidad de la resurrección de Cristo?

3. ¿Qué estatus o importancia tiene el testimonio ocular en nuestra sociedad actual (por ejemplo, en nuestro sistema judicial)?

Lee Hechos 1:1-3; 2:22, 29-36 y Hebreos 2:3-4

1. ¿A qué tipo de «pruebas convincentes» (Hch 1:3), presentadas por Cristo, podría estar refiriéndose el escritor de Hechos?

2. ¿Qué tipo de pruebas de que Jesús es el Mesías prometido ofrece Pedro a la gente (en Hch 2:22, 29-32)?

3. ¿Cómo nos ha confirmado Dios el mensaje de salvación que recibimos de Cristo y de los apóstoles en los escritos del Nuevo Testamento (Heb 2:3-4)?

4. Comenta de qué modo pueden afectar estos pasajes a la forma en que compartimos el evangelio de Jesucristo y exhortamos a otros a creer. ¿Qué lugar debería ocupar el uso de evidencia factual en nuestros llamados a la fe?

Lee Juan 20:30-31

1. ¿Qué propósito tiene Juan para las señales o milagros de Jesús que relata en su evangelio?

Los pasajes anteriores muestran claramente que los escritores del Nuevo Testamento exhortan al lector a responder con fe a la persona y la obra de Jesucristo. Sin embargo, también es claro que lo hacen sobre la base de pruebas convincentes que apoyan firmemente las afirmaciones de que Jesús es el Hijo resucitado de Dios y, por tanto, el único en quien podemos tener vida y reconciliación con Dios. La fe no se ordena como un salto subjetivo a ciegas, sino sobre la base de muchas señales y milagros que Jesús manifestó y de los cuales los apóstoles ofrecen un convincente testimonio ocular.

Acontecimientos como los milagros de Cristo y su resurrección corporal integraron la proclamación del evangelio por parte de los apóstoles a medida que ofrecían con fuerza y eficacia una defensa de la esperanza que había en ellos (véase especialmente el sermón de Pedro en Hch 2). Hoy, nosotros, como testigos de Cristo, podemos utilizar las mismas evidencias que proclamaron los apóstoles, a fin de que el evangelio sea proclamado y defendido en nuestros días con el mismo éxito que en los días de ellos. En nuestra próxima lección, exploraremos más de cerca cómo la apologética era abordada en los ministerios de nuestro Señor y de los apóstoles.

Segunda unidad

Una mirada apologética en el Nuevo Testamento

La necesidad de proporcionar una base o fundamento para las afirmaciones de la fe cristiana solo es real e importante si se puede demostrar que el ministerio de Jesús y los apóstoles implicó la tarea de la apologética. Debemos examinar la forma en que proclamaron la buena noticia y la verdadera identidad de Jesús de Nazaret. ¿Se limitaron a anunciar estos aspectos centrales del cristianismo, o aportaron también pruebas objetivas que respaldaran tales afirmaciones? Veamos primero la forma en que Jesús llevó a cabo su proclamación del evangelio durante su ministerio.

A. La apologética en el ministerio de Jesús

Lee Mateo 9:1-8

1. Jesús preguntó a la multitud: «¿Qué es más fácil, decir: "Tus pecados te son perdonados", o decir: "Levántate, y anda"?». Si tuvieras que responder a su pregunta, ¿qué dirías, y por qué?
2. ¿Qué propósito tenía Jesús en mente cuando habló y actuó en este incidente? ¿Cumplió ese propósito?
3. ¿Qué papel desempeñó la curación en el ministerio de Jesús?

Ciertamente, la multitud judía sabía que solo Dios podía perdonar los pecados. Cuando Jesús insinuó que tenía tal poder divino, la conclusión de que él era Dios quedó ineludiblemente puesta en el primer plano para ser considerada por la multitud. Parecía haber solo tres opciones principales entre las cuales los individuos de la multitud podían elegir: Jesús era un mentiroso blasfemo (afirmaba ser Dios sabiendo que no lo era), un lunático delirante (realmente creía ser Dios pero estaba equivocado), o realmente tenía poder para perdonar pecados porque era, de hecho, Dios encarnado. El versículo 3 nos permite saber por qué opción se inclinaban los escribas.

Observa cómo Jesús utilizó la situación para proporcionar una base objetiva para que la gente percibiera la opción correcta sobre la cuestión de la identidad. Al mismo tiempo, neutralizó el efecto de los escribas escépticos. Jesús reconoció que su afirmación de tener poder para perdonar pecados (y, por tanto, su igualdad con Dios) no era algo directamente demostrable. Por lo tanto, relacionó este poder extraordinario, invisible para la gente, con otro igualmente inusual —la curación de un paralítico de nacimiento— que la gente sí podría ver. Así, Jesús proporcionó eficazmente una base visible para que la gente tuviera fe en que él tenía el poder de perdonar pecados, y se defendió eficazmente de quienes buscaron negar y desacreditar su identidad divina.

Lee Lucas 3:18-20 y 7:18-23

1. ¿Cuál era la naturaleza del problema de Juan?

2. ¿De qué manera Jesús respondió a la pregunta de Juan y calmó sus dudas?

3. ¿Qué implicaciones tiene la forma en que Jesús maneja las dudas de Juan para nuestro ministerio con otros cristianos acosados por las dudas?

Lee Juan 10:30-39

1. ¿Cuál es el verdadero problema de los oyentes de Jesús?
2. ¿De qué manera Jesús les ofrece ayuda? Compara esto con el ministerio a Juan el Bautista, mencionado anteriormente.
3. ¿Qué implicaciones tiene el resultado de este incidente para las expectativas de nuestros propios esfuerzos por defender el evangelio?

Lee Juan 20:19-29

1. ¿Cuál era el problema de Tomás y por qué crees que lo tenía? ¿Por qué tipo de pruebas no quería dejarse convencer?
2. ¿Cómo atendió Jesús las reservas intelectuales de Tomás? ¿Cuál fue el efecto?
3. ¿A qué se refería Jesús (en el versículo 29) cuando dijo: «Dichosos los que no vieron, y sin embargo creyeron»?

En cada una de las ocasiones anteriores, vemos cómo nuestro Señor dio testimonio a quienes tenían dudas y reservas que bloqueaban el camino de una aceptación confiada de Jesús como Salvador divino. En cada caso, él buscó eliminar los obstáculos a la fe proporcionando razones convincentes y pruebas objetivas que apoyaban poderosamente su verdadera identidad.

Al atender a Juan el Bautista y sus dudas sobre si Jesús era el Mesías prometido, nuestro Señor no se limitó a ordenar a los discípulos de Juan que lo instaran a profundizar en su propia experiencia religiosa. Más bien señaló obras que Juan podría ver que pertenecían inequívocamente al Mesías prometido («Los ciegos reciben la vista, los cojos andan, los leprosos quedan limpios y los sordos oyen, los muertos son resucitados y a los pobres se les anuncia el evangelio» [Lc 7:22]).

En la lectura de Juan 10 vemos que nuestro Señor no siempre tuvo éxito en vencer la incredulidad, aun habiendo presentado razones y pruebas convincentes para la fe. Este incidente sirve bien para enfatizar el punto de que nadie puede ser obligado a creer o forzado a una relación de fe salvadora con Cristo. La apologética puede demostrar que hay más pruebas a favor que en contra de la fe y de la identidad divina de Cristo, pero siempre existe la posibilidad de una incredulidad obstinada.

El problema, sin embargo, no se halla en la evidencia que Jesús ha proporcionado sobre su verdadera identidad, sino en la voluntad del hombre pecador, que no quiere tener nada que ver con Dios y su plan de salvación y, por tanto, suele resistir la dirección en la que es conducido por la evidencia. Si la apologética puede ayudar al no cristiano a darse cuenta de que las verdaderas razones de su incredulidad encierran un deseo de vivir la vida separado del perdón y el señorío de Cristo, y que dichas razones no se deben a una supuesta ofensa de su intelecto, entonces habrá logrado mucho.

En nuestra conocida lectura de Juan 20, sobre la aparición de Cristo a Tomás, vemos cómo el Espíritu Santo utilizó la persuasión de que Cristo había resucitado para provocar una fe personal en Jesús como Señor y Dios. ¿Por qué solemos referirnos a él como «Tomás el dudoso»? ¿De qué dudaba? Muchos cristianos han interpretado las palabras de Jesús «Dichosos los que no vieron, y sin embargo creyeron» (Jn 20:29) en el sentido siguiente: «Tomás, tú has exigido algún tipo de prueba que le dé un apoyo objetivo a tu compromiso de fe; dichosos los que creen sin basarse en ninguna prueba objetiva».

¿Es esto realmente lo que Jesús está diciendo? Pensamos en Tomás como un escéptico, y eso es lo que era. Pero ¿cuál era la verdadera naturaleza de su escepticismo? Quizá el versículo 25 nos dé la pista. Todos los discípulos, con excepción de

Tomás, habían visto al Señor resucitado. Tomás tuvo la ventaja de la evidencia, al parecer abrumadora, de que Cristo había resucitado de entre los muertos, basada en el testimonio ocular corroborante de sus amigos más cercanos. Y, a pesar de ello, no quería creer.

Piensa en la importancia que siempre se ha dado al testimonio ocular corroborado. Todo nuestro sistema judicial se basa en ello. El destino de todos los acusados de delitos se determina en gran medida sobre la base de una reconstrucción de lo sucedido a partir de la evidencia del testimonio ocular. ¡Ser escéptico ante este tipo de evidencias equivale prácticamente a eliminar de la esfera del conocimiento la historia completa! Sabríamos muy poco del pasado.

Jesús entendía la fuerza y la suficiencia del testimonio ocular. Sin embargo, Tomás quiso más: exigió un contacto personal directo con el Señor resucitado. Por tanto, lo mejor es entender las palabras de Jesús como: «Dichosos los que apoyan su compromiso de fe en la suficiencia del testimonio de los testigos presenciales». Esta es la clase de testimonio que las Escrituras nos invitan a compartir cuando confrontamos a otros con el testimonio personal de los apóstoles, aquellos que vieron y creyeron.

Observa cómo los apóstoles dieron testimonio de Cristo con su testimonio ocular.

B. La apologética
en el ministerio de los apóstoles

Lee 2 Pedro 1:13-21

1. ¿En qué se basa Pedro para pedir que se escuche el evangelio, en los versículos 16-18?
2. ¿A qué acontecimiento alude Pedro?

Lee Hechos 26:1-29

1. ¿Cuál era el objetivo de Pablo al hablar con el rey Agripa?
2. ¿A qué apela Pablo en el versículo 26?

Lee 1 Juan 1:1-4

1. ¿Cuáles son los tipos de testimonio que Juan ofrece sobre Jesús?

Ciertamente, la calidad ocular de la evidencia fue muy importante para nuestro Señor en el cumplimiento de la gran comisión. De hecho, un requisito para ser apóstol era ser testigo ocular del Señor resucitado (Hch 1:21-22). Por medio del testimonio apostólico en el Nuevo Testamento, tenemos poderosas evidencias del señorío y la identidad divina de Cristo. Él ha ofrecido sus milagros, su cumplimiento de las profecías y su resurrección como respaldo de su misión y señorío divinos. Al testificar a otros, podemos compartir aquello, ¡y hacerlo sobre la base de testigos oculares!

Tercera unidad

Cómo abordar las objeciones

Una razón importante por la que muchos cristianos sinceros y dedicados tienden a rehuir dar testimonio personal del evangelio es el miedo a que les hagan una pregunta cuya respuesta no conocen, o a no saber manejar una objeción crítica a la fe cristiana. En lugar de enfrentarse a lo que se considera como una terrible y humillante vergüenza de marca mayor, muchos cristianos abandonan las oportunidades y las alegrías de la evangelización personal.

Sin duda es verdad que un testimonio eficaz exige adquirir conocimientos y destreza para comunicar claramente los aspectos clave de nuestra fe en Cristo a quienes no han oído.

Sin embargo, no debemos temer a la pregunta o el desafío ocasional que pueda plantearse en el contexto de nuestro testimonio. Tales situaciones ofrecen oportunidades reales para reforzar nuestra afirmación de que el evangelio debe ser creído precisamente porque es verdad. Como hemos visto en las dos últimas unidades, Cristo y los apóstoles nos han proporcionado muchas razones y evidencias que respaldan los acontecimientos clave de la salvación y la verdadera misión e identidad de Cristo.

Realmente, los temores de que cada no cristiano sea una «enciclopedia andante» llena de objeciones extremadamente complejas y sofisticadas a la fe cristiana son infundados. En realidad, las objeciones tienden a ser bastante limitadas en número y pueden ser manejadas por un cristiano que, anticipándose a ellas, haya hecho una modesta cantidad de preparación.

En esta unidad, nuestro propósito es discutir dos de las más populares objeciones o desafíos difíciles que los no cristianos suelen plantear en nuestra sociedad, y explorar algunas maneras de abordarlos eficazmente en el contexto de una situación de testimonio personal.

A. Los milagros

A menudo se plantea, de una forma u otra, la objeción de que el cristianismo simplemente no puede ser verdad porque los hechos milagrosos que la fe proclama (por ejemplo, resurrecciones de entre los muertos, restitución de la vista a los ciegos, transformación del agua en vino) han resultado imposibles o muy sospechosos para la ciencia moderna. Quienes plantean esta objeción suelen intentar explicar el testimonio bíblico de la existencia de milagros alegando que hombres como los seguidores de Cristo creían ingenuamente que los milagros sobrenaturales eran realidades comunes. Vivían en una época precientífica que no conocía las leyes de la naturaleza. «En aquel entonces, los milagros eran la única forma de explicar muchas cosas», o eso es lo que dicen. Examinemos cómo podría abordarse una objeción de este tipo.

Lee Mateo 1:18-21

1. ¿Cuál fue la conclusión de José sobre el embarazo de María?

2. ¿Da José la impresión de tener un concepto de la reproducción humana que difiere del que tenemos hoy en día?

Lee Mateo 8:23-27

1. ¿Qué reacción mostraron los discípulos?
2. ¿Da la impresión de que reaccionaron como si los milagros fueran acontecimientos «habituales» o interpretaciones comunes?

Ejemplos como estos podrían multiplicarse. Una mirada atenta a la forma en que los personajes bíblicos reaccionaron ante los sucesos sobrenaturales no refleja, sencillamente, la afirmación de que, por aquel entonces, los milagros fueran «realidades comunes» o explicaciones habituales de lo que ahora se consideran fenómenos puramente «naturales». Los milagros de Jesús solían suscitar reacciones de asombro, temor, incomprensión o incluso incredulidad escéptica (como, por ejemplo, en el caso de Tomás).

Sin embargo, desde la Ilustración (siglo XVIII), muchos intelectuales no cristianos han popularizado la idea de que los sucesos milagrosos son nociones poco científicas. Han mantenido una actitud escéptica ante los sucesos causados de manera sobrenatural (como los registrados en las Escrituras), alegando que tales interpretaciones deberían considerarse las menos probables de todas las explicaciones posibles de un suceso dado. Aceptarán la explicación «natural» más improbable antes que afirmar que se ha producido un milagro. Esta postura se basa en la idea de que el universo se rige por «leyes de la naturaleza» que han quedado establecidas por la experiencia uniforme. Siguiendo estas leyes, se cree que, tarde o temprano, la mayoría de los acontecimientos del mundo podrán ser explicados. Los milagros se consideran «violaciones» de las leyes de la naturaleza, y puesto que la experiencia uniforme ha establecido estas leyes, debe haber una experiencia uniforme, hablando en términos prácticos, contraria a la violación de ellas.

¿De qué manera podemos responder, como cristianos, a alguien que mantiene semejante postura? En primer lugar, debemos reconocer que la pregunta «¿Suceden milagros?» es, en realidad, otra forma de formular la pregunta «¿Existe una experiencia uniforme de la naturaleza, de acuerdo a la ley natural?». Muchos críticos de los milagros, siguiendo el ejemplo del famoso filósofo David Hume, simplemente dan por sentada una respuesta afirmativa a esta última pregunta y la utilizan en un argumento circular para responder negativamente a la pregunta «¿Suceden milagros?». En su obra *Los milagros*, C. S. Lewis ha observado acertadamente que solo podemos saber que existe una experiencia uniforme a favor de la ley natural si sabemos que todos los informes de milagros son falsos. Y solo sabemos con certeza que todos los informes de milagros son falsos si sabemos de antemano que la ley natural ha sido establecida por la experiencia uniforme. ¡Estamos argumentando de manera circular!

Como cristianos, debemos ayudar a los no cristianos a ver que la única forma de determinar si puede haber milagros es investigar si de hecho los ha habido. Hoy en día, a diferencia de antaño, la ciencia moderna no entiende las leyes de la naturaleza como principios *prescriptivos*, que rigen la manera en que deben ocurrir los acontecimientos, sino que las considera simplemente *descriptivas* de la forma en que suelen funcionar o suceder las cosas en el mundo físico. Los cristianos deben ayudar al incrédulo cuestionador a ver que la ciencia moderna no ha descartado la posibilidad de los milagros. También se puede ayudar a que el incrédulo reconozca que las Escrituras presentan pruebas impresionantes de que un Dios muy real ha estado sobrenaturalmente activo y se ha manifestado «por medio de muchas señales y prodigios».

B. El problema del mal

Una de las preguntas más acuciantes que suelen plantearse en el contexto del testimonio personal es: «¿Por qué Dios permite el sufrimiento y el mal?». Algunos no cristianos querrían cuestionar la existencia del Dios de la revelación bíblica insistiendo en que, si Dios es omnipotente, no es enteramente bueno, y por eso no pone fin al mal, o bien, si es enteramente bueno, no es omnipotente, y por eso es incapaz de hacer cualquier cosa al respecto.

Lee Génesis 1:26-31, Romanos 5:12-14, y Salmo 53:1-3

1. ¿Qué nos dice el pasaje de Génesis sobre la obra original de Dios en la creación y la naturaleza del hombre?

2. A partir de los pasajes de Romanos y Salmos, ¿qué verdades podemos vincular en relación con el origen, el alcance y la autoría del mal en el mundo?

Jamás debemos olvidar que, cuando Dios creó el mundo y al hombre como corona de la creación, los creó perfectos —santos y sin mancha—.

El mal no formaba parte de su creación original, ni fue traído por Dios al mundo. Culpar a Dios por la actual condición corrupta del mundo es tan justo como culpar al arquitecto por la condición de una casa destruida por el fuego a manos de un pirómano. Las Escrituras son muy claras. El pecado y el mal entraron en el mundo por la desobediencia del hombre, y debido a ello, la consecuencia ha sido la muerte y toda forma de miseria y sufrimiento humano. El hombre es responsable del pecado, ¡no Dios!

Sin embargo, algunos han preguntado: «¿No podría Dios habernos hecho en forma tal que no pudiéramos pecar?». Nuestra respuesta debe ser: «Sí, Dios podría haberlo hecho, pero en ese caso no habría creado seres humanos con voluntad propia, sino marionetas o máquinas». Consideremos cualquier virtud de la que una persona sea capaz: amor, bondad, honestidad, fidelidad, o cualquiera de las virtudes que Pablo identificó en Gálatas 5. ¿Cuál es la naturaleza de, por ejemplo, el amor en particular, y de la virtud en general? Para que existan el amor y la virtud verdaderos, debe haber libertad. El amor es de naturaleza volitiva. Si introducimos fuerza o coacción en la escena, el amor se vuelve imposible.

Dios podría habernos hecho como marionetas, de modo que solo necesitara tirar de los hilos adecuados para que pasáramos por todas las manifestaciones externas del amor y cualquier otra virtud que le plazca. Sin embargo, no sería amor o virtud real como las que Pablo describe en Gálatas 5. Dios nos creó con libertad y voluntades independientes porque, siendo un Dios de amor, deseaba criaturas capaces de corresponder a su amor con un amor propio. El plan de Dios para que el hombre respondiera con amor verdadero llevaba incorporado el riesgo de que el hombre no amara en absoluto, sino que se rebelara contra el amor y el gobierno de Dios. Y por las Escrituras sabemos que nuestros primeros padres optaron por la rebelión, y que la malvada naturaleza resultante se ha transmitido a todas las generaciones.

A menudo se plantea la pregunta adicional: «Pero ¿por qué Dios no elimina todo el mal de su creación ahora mismo?». Ciertamente es algo que él podría hacer. Y si lo hiciera, haría un trabajo completo. Pero si Dios limpiara todo el mal del universo hoy, ¿quién de nosotros seguiría estando aquí mañana? Muchos de quienes quisieran que Dios eliminara el mal del mundo ahora mismo solo piensan en el mal que está «allá fuera» y no en el mal que yace dentro de sus propios corazones y vidas. Utilizando la ley de Dios, debemos ayudar a los no cristianos a ver que «todos pecaron y no alcanzan la gloria de Dios» (Ro 3:23), y que, en consecuencia, la presencia del mal ha infectado sus propios pensamientos, acciones, valores y prioridades.

Sin embargo, nuestro mensaje más gozoso es que Dios ha hecho algo respecto al problema del mal. De la manera más dramática y costosa, le dio el golpe más eficaz posible enviando a su Hijo al mundo a morir por los pecados de una humanidad infectada por el mal. ¡Dios no es blando con el mal! Por su naturaleza buena y justa, todo pecado y mal debe ser castigado. Sin embargo, por medio de Cristo y su muerte por el pecado, podemos escapar del juicio final del mal y recibir poder para comenzar a realizar en nuestras vidas el amor y las virtudes para las que fuimos creados originalmente.

El mal puede ser perdonado y, en última instancia, vencido y desterrado de nuestras vidas por medio de una relación con Cristo. Dios ha vencido al mal *por nosotros* y le ha puesto un límite al tiempo de este en nuestras vidas y en el mundo. Cuando Cristo regrese, se acabará el tiempo del pecado y del mal en el mundo. En ese día, los que están en Cristo «Ya no tendrán hambre ni sed, ni el sol les hará daño, ni ningún calor abrasador, pues el Cordero que está en medio del trono los pastoreará y los guiará a manantiales de aguas de vida, y Dios enjugará toda lágrima de sus ojos» (Ap 7:16-17).

Cuarta unidad

¿Quién es Jesús?

Es difícil que sepamos con certeza si Dios existe y cuál es su actitud hacia nosotros a menos que él tome la iniciativa y se revele. ¿Hay alguna pista, que la historia nos ofrezca, sobre una posible revelación de Dios? ¡Los cristianos sabemos de una pista grande! Hace unos dos mil años, en un pueblo relativamente recóndito de Palestina, nació un niño en un establo. Era un niño poco corriente que se estableció con sus padres en Nazaret. A la edad de doce años, asombró con sus conocimientos a los eruditos bíblicos de Jerusalén, y cuando fue reprendido por no haberse marchado con sus padres, respondió de la siguiente manera extraña:

«¿Acaso no sabían que me era necesario estar en la casa de Mi Padre?» (Lc 2:49).

Este, Jesús de Nazaret, vivió en la oscuridad hasta cumplir treinta, edad en la que comenzó un ministerio público de tres años. Fue amable y gentil, pero a diferencia de los maestros religiosos de su tiempo, enseñaba «como uno que tiene autoridad» (Mt 7:29). La gran pregunta que hizo a sus seguidores más cercanos fue: «Y ustedes, ¿quién dicen que soy Yo?». Cuando uno de ellos respondió: «Tú eres el Cristo, el Hijo del Dios viviente» (Mt 16:15-16), no se escandalizó por la respuesta ni reprendió a ese seguidor. Sorprendentemente, ¡lo elogió!

En muchas otras ocasiones, el propio Jesús hizo esta misma afirmación. En una ocasión dijo: «Yo y el Padre somos uno». En respuesta, los judíos quisieron apedrearlo por blasfemo, «porque Tú, siendo hombre, te haces Dios» (Jn 10:30-33). Jesús estableció continuamente la más estrecha de las conexiones con Dios. Como observó John Stott, «Su conexión con Dios era tan estrecha que Jesús equiparaba la actitud de un hombre hacia él con la actitud de ese hombre hacia Dios. Así, conocer a Jesús era conocer a Dios (Jn 8:19, 14:7). Verlo era ver a Dios (12:45; 14:9). Creer en él era creer en Dios (12:44; 14:1). Recibirlo era recibir a Dios

(Mr 9:37). Odiarlo era odiar a Dios (Jn 15:23). Y honrarlo era honrar a Dios (5:23)».

A la pregunta del título de esta unidad, «¿Quién es Jesús?», los cristianos han respondido como Pedro. Jesús es «el Cristo, el Hijo del Dios viviente» (Mt 16:16) y, por tanto, como Tomás, han puesto personalmente su fe en él como «Señor mío y Dios mío» (Jn 20:28). Cuando los cristianos damos testimonio de nuestra fe a los no creyentes, debemos invitarlos a enfrentarse a las afirmaciones de Cristo y responder por sí mismos, personalmente: «¿Quién es Jesús?».

En realidad, solo hay cuatro posibilidades. Era un mentiroso, un loco, una leyenda o el Hijo de Dios. Si creemos que Jesús no es el Hijo de Dios, estamos automáticamente afirmando una de las otras tres alternativas. Cuando aquellos a quienes testificamos adoptan esta postura, debemos invitarlos a mostrarnos las pruebas que respaldan su posición. Consideremos brevemente estas alternativas.

A. Primera alternativa: Jesús mintió al decir que era Dios encarnado

Esta posibilidad afirma que Jesús sabía que no era Dios, pero que engañó deliberadamente a sus seguidores y a quienes escuchaban sus enseñanzas. Muy pocos han considerado seriamente esta postura. La mayor parte de quienes niegan la identidad divina de Jesús desean, no obstante, reconocer las elevadas cualidades morales de su vida personal y sus enseñanzas. Sin embargo, si Jesús mintió tan descaradamente sobre el aspecto más importante de sus enseñanzas —es decir, su propia identidad—, ¡difícilmente se lo puede considerar un gran ejemplo moral!

Además, debemos preguntar, a quienes aún querrían afirmar esta posición: «¿Tienen alguna prueba (fuera del tema que nos ocupa) de que Jesús era un mentiroso?». O, si Jesús solamente mentía sobre su identidad, ¿cuál era su motivo para afirmar que era Dios si realmente no lo era?

¿Podría Jesús haber pensado que tal mentira le traería riqueza material y popularidad?

Lee Lucas 9:57-58, 12:13-34, 22:66-71,
y 23:13-25

¿Podría Jesús, que era judío, haber pensado que semejante mentira le traería recompensas espirituales?

Lee Éxodo 20:1-7, Deuteronomio 13:1-5,
y Mateo 5:17-19

Al tratar con no cristianos que podrían considerar seriamente la idea de que Jesús mintió sobre
su identidad divina, debemos recordarles que
tal acto sería una blasfemia del más alto tipo, lo
cual, para el judío, era el más horrendo de todos
los pecados posibles según la ley mosaica. Es evidente que una mentira como esa, si en verdad era
mentira, incurriría en la condena divina —no en
recompensas espirituales— sobre la misma base
de la ley moral del Antiguo Testamento que Jesús
defendió en la mayor medida posible. ¡Es evidente
que no se puede encontrar ningún motivo razo-
nable para que Jesús mintiera a sabiendas sobre su
identidad como Dios encarnado!

B. Segunda alternativa: Jesús estaba loco; pensaba que era Dios encarnado, pero estaba trastornado y autoengañado sobre su propia identidad

Esta extraña idea simplemente no concuerda con
la personalidad de Jesús que tan vívidamente
vemos en los relatos del evangelio. Incluso bajo las
extremas presiones de los juicios ante el Sanedrín,

Herodes y Pilato, cuando su vida estaba en juego, Jesús estuvo tranquilo y sereno. Como C. S. Lewis observó de manera muy acertada: «Nunca se ha resuelto satisfactoriamente la discrepancia entre su enseñanza moral, cuerda y profunda, y la desenfrenada megalomanía que debería subyacer a su enseñanza teológica si él no fuera realmente Dios».

El psiquiatra J. T. Fisher sostiene que, si se redujera toda la carne del total de los artículos serios sobre higiene mental escritos por los psicólogos más cualificados, el resultado sería un tosco esbozo del Sermón del monte. La postura del trastorno mental simplemente no se sostiene psicológicamente. Si las enseñanzas de Jesús proporcionan un modelo para una salud mental óptima, él no puede ser un loco que malinterpreta totalmente la naturaleza de su propia personalidad. Una vez más, debemos pedir al no creyente que sostiene este punto de vista que nos muestre sus pruebas.

C. Tercera alternativa: Jesús es una leyenda

Esta postura, que algunos han mantenido, sostiene que Jesús de Nazaret nunca hizo la afirmación de ser Dios encarnado, sino que, después de que murió, fue deificado por sus seguidores, quienes pusieron tales afirmaciones en boca de él a través de lo que predicaron y escribieron. En otras palabras, los discípulos de Jesús mintieron en su enseñanza central de que Jesús era el Hijo de Dios, fabricando así una leyenda.

Esta tercera alternativa tiene varios puntos débiles sorprendentes. En primer lugar, se ha demostrado de forma concluyente que los cuatro relatos del evangelio sobre la vida y el ministerio de Jesús fueron escritos mientras aún vivían contemporáneos de Cristo. El mundialmente famoso arqueólogo Dr. William F. Allbright ha dicho que no hay razón para creer que alguno de los Evangelios haya sido escrito después del año 70 d. C., cuarenta años después de la muerte de Jesús. ¡Sería increíble que, sin estar firmemente basada en los hechos, una leyenda en forma de evangelio, donde Cristo hiciera afirmaciones de divinidad y autoridad divina, hubiera logrado tan amplia difusión y aceptación! Sería tan fantástico como si, en nuestra época, alguien escribiera una biografía de Franklin D. Roosevelt donde este afirmara ser Dios, tener poder para perdonar pecados, y dijera que resucitaría de entre los muertos. Una historia tan descabellada no se aceptaría ni se imprimiría, ya que aún vive demasiada gente que conoció a Roosevelt y podría fácilmente refutar los errores legendarios.

Además, quienes consideren seriamente la alternativa de la leyenda deben enfrentarse a la pregunta: «¿Por qué fue crucificado Jesús?». El registro histórico de los Evangelios deja claro que los líderes judíos del Sanedrín estaban convencidos de que Jesús era culpable de blasfemia por atribuirse autoridad e identidad divinas (Mr 14:60-65 y Jn 19:1-11). Sobre esta base lo entregaron a Pilato para que lo matara. Pese a ello, este no pudo hallar culpabilidad alguna según la ley civil, pero lo entregó para que fuera crucificado a instancias de la multitud (véase Jn 19:12-22).

Si fuera cierto que Jesús no hizo ninguna afirmación de ser el Mesías, el Hijo de Dios y Aquel que tiene autoridad para perdonar pecados, entonces nos enfrentamos a la siguiente pregunta: ¿por qué los líderes judíos pidieron insistentemente la muerte de Jesús? No parece haber otra respuesta excepto reconocer que el propio Jesús proclamó su identidad divina, y no solo sus discípulos.

Los no cristianos también deben darse cuenta de que todas las variedades de especulación mesiánica judía de la época estaban en desacuerdo con la imagen mesiánica que Jesús pintó de sí mismo. La mayoría de aquellos retratos implicaban una figura política fuerte que movilizaría al pueblo judío, acabaría con la dominación romana de

Israel y daría paso a una era de paz y prosperidad como en los tiempos de David y Salomón. El papel de Jesús como Siervo sufriente que vino a morir por los pecados del mundo (Is 52:13-53:6) y cuyo reino no es de este mundo (Jn 18:36) simplemente no encajaba con las expectativas personales que muchos tenían respecto del Mesías.

D. Cuarta alternativa: Jesús es el Hijo de Dios

Para ayudar al no creyente a comprender la identidad de Jesús de Nazaret, no basta con demostrar que hay pocas pruebas a favor de las tres alternativas anteriores. En gran parte de la vida, hablar no cuesta nada. Recientemente, Father Divine, de Filadelfia, afirmó ser Dios. Dadas sus escasas credenciales para respaldar tal afirmación, actualmente Father Divine está no solo muerto, sino en gran medida olvidado. Nosotros, como cristianos, debemos mostrar a aquellos a quienes testificamos que Jesús respaldó su afirmación de deidad presentando credenciales impresionantes.

Según el testimonio ocular que nos ofrecen los Evangelios, Jesús demostró tener sobre las fuerzas de la naturaleza un poder que ningún simple ser humano ha exhibido jamás, un poder que solo podía pertenecer al Creador de esas fuerzas. Ante el asombro de sus discípulos, calmó una tempestad de viento y olas en el mar de Galilea. Con unos pocos peces y un par de panes alimentó a cinco mil personas, convirtió el agua en vino en un banquete de bodas, y devolvió el hijo a una viuda afligida levantándolo de entre los muertos. Jesús no solo demostró una preocupación amorosa por los enfermos y los lisiados, sino que también hizo gala del poder del Creador. A sus órdenes, los ciegos veían, los sordos oían, los paralíticos caminaban y los enfermos se curaban. Ni siquiera sus enemigos podían refutar sus obras milagrosas. En vez de eso, conspiraron para matarlo. «Si lo dejamos seguir así», dijeron, «todos van a creer en Él» (Jn 11:48).

Los enemigos de Jesús cumplieron su amenaza, pero esto solo contribuyó a preparar el escenario para la señal definitiva que Cristo ofrecería para exhibir su verdadera identidad divina. Esta señal definitiva fue su resurrección de entre los muertos (Mt 12:38-40).

Cuando Jesús fue crucificado en Jerusalén, la ciudad estaba llena de gente que había venido a celebrar la Pascua judía. Debido a los procedimientos legales frente a Pilato y las turbas, el público en general estaba bien enterado de lo que estaba ocurriendo. Dado que Jesús había predicho que resucitaría de entre los muertos al cabo de tres días como prueba de su divinidad, los líderes religiosos judíos pusieron guardias en la tumba de Jesús para evitar que el cuerpo fuese robado. Sin embargo, de acuerdo al testimonio de testigos oculares, Jesús resucitó de entre los muertos y fue visto una y otra vez por un período de cuarenta días. Estas apariciones se registran con gran detalle (Lc 24:36-43; Jn 20:25-31).

Se ha intentado explicar los relatos de la resurrección en forma naturalista. Algunos han sugerido que Jesús simplemente se desmayó en la cruz y revivió en el frescor de la tumba. Otros, como Hugh Schonfield en su *Passover Plot*, proponen la explicación de que a Jesús se le dio una droga que lo hizo parecer muerto, mientras que en realidad no lo estaba. Algunas explicaciones como estas requieren un tremendo salto de fe, ya que están completamente desalineadas con los detalles históricos que rodean la vida de Jesús y la ocasión de su muerte. Sin duda Jesús murió en la cruz; ¡los equipos romanos de crucifixión conocían muy bien su oficio! Juan, en su Evangelio, nos dice explícitamente que, cuando un soldado romano atravesó el costado de Jesús con una lanza, salió sangre y agua (Jn 19:34). Esto solo puede suceder si una persona ya está muerta.

Otros críticos, sin embargo, están de acuerdo en que Jesús sí murió y fue enterrado, pero sostienen que el cuerpo fue robado (véase Mt 27:62-66; 28:11-15). En respuesta, debemos preguntar: «¿Quién se lo habría llevado?». Ciertamente no habrían sido los romanos ni los judíos, pues querían acabar con los seguidores de Jesús a toda costa. Fue por eso que crucificaron a Jesús, para empezar, y pusieron guardias en la tumba. ¿Y los seguidores de Jesús? ¿Podrían ellos haber robado el cuerpo? Es difícil imaginar que unos cuantos pescadores cobardes —como eran los discípulos, tras el arresto de Jesús— dominarían a los soldados romanos que custodiaban la tumba, harían rodar la gran piedra, y luego comenzarían a contar la extraña mentira de que Jesús había resucitado, ¡yendo a la muerte predicando la misma historia por todo el mundo! De ser cierta, tal historia sería más asombrosa que la resurrección misma. A quienes seriamente consideren tal teoría, debemos pedirles que presenten su evidencia histórica para respaldar tal interpretación. Nosotros, como cristianos, debemos afirmar audazmente que ofrecemos el testimonio de testigos oculares para respaldar nuestra creencia de que Cristo *realmente* resucitó de entre los muertos, y luego, debemos pedir que se evalúe la calidad de las pruebas que cada postura ofrece.

Si Cristo venció el más básico de los problemas humanos —la muerte misma—, entonces sería bueno tomar sus afirmaciones en serio y actuar en consecuencia. Debemos, en unión con otro escéptico —Tomás—, confesar que Aquel que murió y resució lo hizo en nuestro favor, y por eso es «Señor mío y Dios mío».

En un mundo de creciente incredulidad, debemos, como cristianos que testificamos, presentar audazmente las afirmaciones de Cristo, las evidencias que nos ha ofrecido para respaldarlas, y la desesperada necesidad humana de un Señor y Salvador. En última instancia, las evidencias que desafían al incrédulo provienen de Dios y su Palabra. A través de su proclamación y defensa, damos fielmente una respuesta adecuada, «defendemos la esperanza que hay en nosotros» y proporcionamos los medios para que el Espíritu Santo lleve gente a la fe en Cristo como Señor y Salvador.